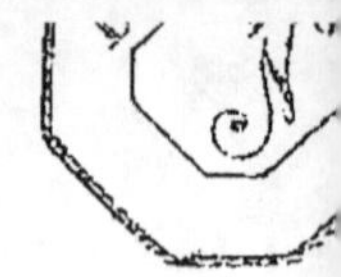

UN

ENFANT DU PEUPLE

A

L'EMPEREUR.

VOX POPULI VOX DEI!
LA VOIX DU PEUPLE EST LA VOIX DE DIEU!

SE TROUVE :

A Nevers, chez MOREL, libraire ;
A La Charité, chez RADAN, libraire.

--

1863

NEVERS,

I.-M. FAY, IMPRIMEUR DE LA PRÉFECTURE, DE L'ÉVÊCHÉ, ETC,

PLACE DE LA HALLE ET RUE DU REMPART, 1.

UN

ENFANT DU PEUPLE

A TOUS.

Vox populi vox Dei !
La voix du peuple est la voix de Dieu !

Je demande aux savants la permission d'emprunter leur langage; excusez-moi donc, mes bons Messieurs, si j'empiète quelque peu sur votre domaine; j'ai trouvé ces quelques mots sous ma main et m'en suis emparé sans plus de façon; j'ai fait ce qu'on appelle, je crois, une annexion.

Annexion, annexer; je ne sais pourquoi ces mots me trottent dans la tête malgré moi; nous en avons fait une, je la comprends, mais un de nos voisins en a fait plusieurs qui ne ressemblent pas à la nôtre. Il paraît que ce mot annexer signifie bien des choses qui ne s'accordent guère; voilà ce que c'est que d'être trop simple, on se creuse le cerveau pour expliquer une chose, un mot, impossible ; c'est égal, il faudra que je me défie de cette tendance que j'ai pour annexer ; on se crée des embarras, des inquiétudes pour l'avenir ; trop annexer nuit.

Mais il me semble, Dieu me pardonne, que tout doucettement j'arrive à parler politique, et l'on dit que cela est défendu. Quel dommage, en vérité, moi qui avais bien envie de dire aussi mon petit mot ; pour une fois je me risquerai bien quand même, n'était d'aucuns qui me blâment, disant que la politique est un sujet délicat, épineux ; qu'il est sans exemple qu'un artisan, un ouvrier se permette une telle licence ; que cela ne se voit pas, ne se fait pas. Il en est qui vont jusqu'à m'en contester le droit, disant que la politique est le domaine exclusif des journalistes ; il est une voix surtout qui me fait réfléchir : « Voyons, me dit-on, vous voulez vous occuper de politique, écrire sans doute ; mais tout d'abord, pour cela, il faut être lettré ; sans être précisément un aigle, posséder des connaissances spéciales, savoir traduire les anciens, en un mot être ferré sur le grec, le latin ; et puis il faut avoir une ambition, un but à atteindre. Voyez-vous, la politique, c'est l'arbre de la science du bien et du mal ; pour vous, je le crains, ce sera un guêpier, vous n'en sortirez pas sans piqûres ; je ne puis préciser quels dangers vous y attendent, mais il y en a de toutes sortes. Il y a les envieux qui diront ceci, et puis cela ; le moins qui puisse vous arriver, c'est de négliger votre travail. Vous avez, je n'en doute pas, de bonnes intentions ; mais, en admettant que vous puissiez traiter les hautes questions, les chambres, tous les grands corps de l'Etat ont épuisé ce qui pouvait être dit ; si vous m'en croyez, laissez la politique de côté, et retournez à vos couleurs. »

De toutes ces raisons données, il en est d'excellentes et qui me rendent sérieux. Il paraît que je n'avais pas *dévisagé* la question sous toutes ses faces, on ne pense pas à tout ; mais ce qui, pour moi, ressort de toute évidence, c'est que, pour parler politique, il faut avoir des b..., et je n'en ai pas. On dira peut-être que cette traduction est un peu libre ; c'est comme qui dirait une figure de... attendez donc que je trouve le mot, une figure de..... diable de mot qui ne me revient pas, je sais qu'il finit en *ique* ; je l'ai vu l'autre jour sur un grand journal très-savant. Ce même journal prétend que, quand nous allons le lundi manger l'argent de la semaine, ce sont les joies de la famille ; c'est le même qui dit que la religion est une bonne chose, et sans cesse il dénigre, il attaque ceux qui la représentent.

Le frater de chez nous, qui est aussi un savant, prétend qu'à lui seul il a plus d'esprit que les quatre autres ; qu'ils sont cinq, que c'est lui qui est chargé de grossir le noyau ; il paraît qu'ils sont inquiets d'être si peu, et que le temps leur dure...

Je remercie toujours des bons avis ; quant à retourner à mes couleurs, voyez donc comme cela se rencontre. Figurez-vous qu'en y regardant de plus près, il m'a semblé que la politique était une couleur, et me suis mis dans la tête de l'annexer à mon carnet ; dame je sais bien que cette idée paraîtra singulière ; mais que voulez-vous, nos idées, à nous autres ouvriers, ne sont pas celles de tout le monde.

Voyons un peu la question de droit.

Parce qu'on est ouvrier ou paysan on ne doit pas s'occuper de politique.

Mais qui est-ce qui paye l'impôt pour une bonne part ? N'est-ce pas l'artisan, l'ouvrier, le cultivateur. Ces soldats courageux, ces zouaves intrépides, qui vont mourir en défendant la frontière, ne sont-ce pas des enfants du peuple ? Et on nous contesterait le droit de nous mêler de politique ; ventre-saint-gris, il me semble que cela nous regarde un tant soit peu. Je dirai aussi que, pour la première, la seule fois où le peuple a été libre de se choisir un chef, son instinct, si on veut l'appeler ainsi, ne l'a pas trop mal inspiré que je sache ; m'est avis que c'était un acte politique de premier ordre. Je n'insiste plus sur ce point, qui me paraît chose jugée, cause gagnée.

Vous m'avez parlé, je crois, de but d'ambition. Voici l'affaire : Vous faites imprimer ce que j'écris là, vous l'enveloppez, le pliez de manière à lui donner la forme d'un petit portefeuille ; et, comme vous êtes bien avec S. Exc. M. Billault, le bras droit de l'Empereur, vous l'abordez comme si de rien n'était ; vous lui dites : « Monsieur Billault, vous n'avez pas de portefeuille que je sache ?

— Non, vous répond le grand orateur. — Eh bien ! figurez-vous qu'un enfant du peuple a eu l'idée de vous en offrir un, et le voici. »

Son Excellence l'ouvre, le parcourt, s'étonne un peu et dit : « Tiens, c'est drôle ! voilà un enfant du peuple, un ouvrier qui m'envoie un portefeuille ! » Mais, comme il n'y a que Sa Majesté qui ait le droit d'en donner, M. Billault se dit : « Il faut que je le lui montre pour avoir son avis ; d'ailleurs ça le distraira. » Il choisit le moment et le présente à l'Empereur.

Eh bien ! Monsieur, voyez-vous d'ici l'Empereur parcourant, lisant ; puis, avec ce bon sourire que vous lui connaissez, donnant l'ordre de m'envoyer cent francs, ni plus ni moins, à titre de... c'est cela, à titre de droit d'auteur ; lesquels cent francs sont expédiés de suite à Roanne pour les ouvriers cotonniers.

Entendez-vous, Monsieur, les bénédictions de mes pauvres compatriotes ; les femmes, les enfants, remerciant, bénissant l'Empereur. Monsieur Billault, vous, Monsieur, qui aurez été la cause, la providence de ce secours ; oh ! ce n'est pas la somme seulement qui excitera leur reconnaissance, c'est aussi le moyen employé ; ils se diront : C'est un artisan, un ouvrier comme nous, qui a eu cette bonne pensée ! Vous qui avez le cœur haut placé et qui êtes bon, vous êtes d'avis que cette ambtion en vaut bien une autre.

Vous me direz aussi que si je veux adresser des vœux,

des remercîments à l'Empereur, que les grands corps de l'Etat l'ont déjà fait ; que l'on s'étonnera qu'un simple artisan ait osé le faire.

On s'étonnera ! et tant mieux. Est-ce qu'en France, depuis douze années, on fait autre chose que s'étonner et admirer ? Est-ce que jamais, à aucune époque de notre histoire, on a vu s'accomplir, et en si peu de temps, de si nobles de si grandes, et surtout de si bonnes choses ?

Les grands corps de l'État l'ont dit. Ah ! voilà ; mais nous aussi sommes un grand corps dans l'Etat, au moins par le nombre. Est-ce que vous croyez que nous sommes jaloux ? Est-ce que nous n'admirons pas comme tout le monde ce brillant état-majòr, ces hommes éminents qui entourent Sa Majesté et qui apportent leur concours, leurs lumières, afin de lui aider à remplir la noble tâche, la glorieuse mission qu'il s'est imposée ?

Nous n'avons pas la prétention d'être un corps éminent, tant s'en faut ; mais ces bras robustes qui manient le fer, les métaux ; ces artisans qui tissent la soie, le coton (pauvres cotonniers), la laine, et, pourquoi ne pas le dire, ceux qui font ces couleurs si belles, si variées ; enfin ces hommes modestes et patients, les cultivateurs, ces pères nourriciers de la France, vous croyez que la voix de tous ces hommes venant remercier leur souverain serait chose indifférente ? A celui qui me dirait cela, je répondrais : « Vous ne connaissez pas l'Empereur ; il aura plus de vraie joie à entendre nos rudes voix que toutes celles qui les ont précédées ». Un souvenir vient confirmer ma pensée : Henri IV chez Michaud.

Le grand législateur a dit : « Laissez venir à moi les petits enfants. »

L'Empereur dira : « Laissez, Messieurs, laissez, laissez arriver jusqu'aux pieds du trône la voix de l'enfant du peuple ; tous ceux qui travaillent, qui souffrent et qui espèrent sont l'objet de ma sollicitude la plus vive et ont la première place dans mes pensées ! »

Sans doute qu'autrefois il en eût été autrement ; en ces temps-là on ne songeait au peuple que pour lui demander son sang, ses sueurs : les uns prenaient les millions, les autres les centimes, si bien qu'on nous mettait comme de vrais petits saint Jean ; il ne nous restait que les yeux pour pleurer. Si un enfant du peuple se fût permis de dire quelque chose, ceux qui n'eurent jamais pour lui que mépris ou dédain eussent levé les épaules en disant : « Passez votre chemin, bonhomme ; » ils eussent ri, les imprudents, et n'auraient pas eu raison ; car enfin c'est la voix de ce même peuple qui, dans ses moments de colère. . . . .

Dame, que voulez-vous, on n'est pas parfait ; nous avons de bons moments, mais aussi de mauvais, Qui est-ce qui n'a pas ses défauts ? Nous avons la main un peu rude, voilà..... c'est un malheur.

On s'étonnera, mais nous les premiers, pauvres déshé-
rités, nous qui pendant des siècles sommes restés avec
notre couronne d'épines le front courbé vers la terre!

Nous, travailleurs infatigables, qui n'avons d'autre ambition que celle d'élever notre famille et de conserver le coin
de terre légué par nos pères, nous sommes étonnés; mais à
ces étonnements se joint une émotion indicible, quelque
chose d'inouï, auquel on ne peut donner un nom! L'ouvrier
à l'atelier, le laboureur traçant le sillon, éprouvent une
joie intérieure qui n'est pas définie; il semble qu'il y a dans
l'air quelque chose de bon, c'est comme un bon génie qui
plane sur la France; l'enfant du peuple lève la tête vers
le ciel avec amour et confiance, il cherche, il veut s'expliquer ce qu'il éprouve...

Eh! mes pauvres enfants! c'est tout simplement le regard
de l'Empereur, ce beau regard si fier et si doux qui s'est
abaissé jusqu'à nous; il s'occupe de nous, il nous voit, nous
entend. C'est d'instinct que nous sentons cela, l'instinct de
l'enfant pour ceux qui l'aiment.

Il y a comme un courant électrique, un fil conducteur
qui, du cœur du peuple, va trouver celui du souverain; il
nous semble y voir écrit en lettres d'or, en caractères sacrés,
un pacte, un traité ainsi conçu :

« Je ferai pour ce peuple qui m'a choisi ce qu'aucun de
ceux qui m'ont précédé n'ont fait; je veux que la France
soit si grande, si prospère, si heureuse, qu'on ne regrette

plus le passé, qu'il n'y ait plus de partis, mais un grand peuple uni par le cœur et la pensée avec son souverain ! »

Vous désirez savoir comment un homme simple, qui n'est ni savant ni lettré, tant s'en faut, a fait ou fera pour parler politique. Eh bien ! je vais vous faire une confidence ; en cherchant bien, je crois avoir trouvé un procédé, c'est presqu'un secret.

Je jette d'abord un coup d'œil en Europe, puis, à vol d'oiseau, je regarde ce qui s'est passé en France de plus important depuis un siècle ou deux jusqu'à nos jours, je prends ensuite trois ou quatre grands journaux, ce qu'ils ont dit depuis deux ou trois ans, je jette le tout dans un creuset chauffé à blanc, qu'est-ce que je trouve au fond ? Ultramontains, légitimistes, cléricaux, un peu d'unité, de la Salette et du petit Mortara, mince bagage, dira-t-on ; je prends quand même, cela pourra m'aider, ce sera ce qu'on appelle les petits matériaux. Vous voyez que mon procédé est si simple qu'un enfant en ferait autant.

Ensuite, si je veux, à la manière du lutteur antique, ceindre mes reins avant d'entrer en lice, je vais au Sénat.

La parole est à S. Exc. M. Billault, ministre sans porte-feuille.

Je ne puis sans être ému entendre l'éminent orateur dire : « Messieurs, j'apporte ici la pensée de l'Empereur ; viennent ensuite les actes du gouvernement. » Avec quel talent, quelle force de logique tout est expliqué, justifié; on ne sait ce qu'il faut admirer le plus, de la richesse des expressions ou de la loyauté de l'ensemble ; on se sent entraîné, captivé; c'est la forme antique alliée à l'élégance moderne, le sublime, rien de plus, rien de moins. On est forcé d'admirer cette modération contre des attaques trop vives ; on dirait la force de l'aigle et celle du lion réunies !

Mais lorsque l'honorable orateur dit :

« Ce n'est pas seulement pour cette noble assemblée que j'élève la voix, il faut aussi qu'en dehors de cette enceinte, le peuple, la France entière, puisse apprécier, juger ce que nous avons fait. » Alors il me semble entendre la voix même de l'Empereur nous mettant en demeure de répondre ! « Ainsi ferai-je, non comme un droit que j'exerce, mais comme un devoir que je remplis. »

A L'EMPEREUR.

Ici je sens le besoin de me recueillir ; l'émotion, le respect paralysent ma voix, j'ai trop présumé de mes forces.

Il me faut, pour achever, retremper ma pensée dans la vérité de cet axiome : « La voix du peuple est la voix de

Dieu. » Il faut que j'entende encore le cri de détresse de nos malheureux frères ! Il me faut surtout la conviction profonde que ma voix n'est que l'écho affaibli d'une immense majorité.

Est-ce que sans cela, moi, le dernier et le plus ignoré d'entre tous ; j'eusse osé adresser la parole à Votre auguste Majesté... Oh ! non, Sire, jamais !

Nos loisirs ne nous permettent guère autre chose que travailler ; mais la renommée aux cent voix nous a raconté tant de merveilles, que jusqu'à trois fois nous avons quitté, qui l'atelier, qui son champ, pour venir contempler ce que vous aviez fait, et chaque fois nous avons été étonnés, émerveillés. Nous avons vu l'empire des mers livré à notre commerce, des traités protégeant l'agriculture ; nous avons applaudi du fond du cœur en vous voyant protéger la religion de nos pères et son chef vénéré. A César ce qui est à César, et à Dieu ce qui est à Dieu. Dieu et l'Empereur ! voilà notre devise ; dans notre pensée nous ne les séparons pas.

Nous vous avons suivi par la pensée sur les champs de bataille, où vous avez payé de votre personne comme un soldat ; vous pouvez dire comme César : « Je suis venu, j'ai vu, j'ai vaincu. » Cette devise est à vous.

Nous avons vu le génie des combats s'effacer et céder la place au bon génie du père de famille, qui veut ménager le sang de ses enfants. Votre cœur s'est ému en voyant ces vaillantes phalanges aller au feu aux cris de : Vive l'Empereur ! et vous avez fait la paix.

Jéhovah a dit à la mer : « Tu n'iras pas plus loin. » Vous, Sire, vous avez dit : « Je ferai cesser la guerre qui, pour mon peuple est un fléau. » Vous avez entendu la voix de Rachel, et elle a pu être consolée ; à la promise vous avez rendu son fiancé ; l'aïeul assis au coin de l'âtre n'a pas attendu en vain son petit-fils ; merci, Sire, oh ! merci trois fois !!!

Nous n'avons pas de paroles pour exprimer nos pensées ; mais nous apprendrons à nos neveux, à nos enfants, dont la voix est plus pure, à ne prononcer le nom de l'Empereur et de son auguste famille qu'avec amour et respect. Puisse le ciel exaucer nos vœux en vous donnant tous les bonheurs, afin qu'il soit prouvé une fois de plus la vérité de cet axiome : « La voix du peuple est la voix de Dieu. »

J. CORNET,

Teinturier à La Charité sur-Loire (Nièvre)

Nevers, L. M. Fay, Imp.